NOTICE

DE QUELQUES LIVRES

PROVENANTS DU CABINET

DE M. *** *Lambert.*

La présente Notice se distribue,

A PARIS,

Chez J. B. G. MUSIER, Libraire, Quai des
Augustins, près la rue Pavée, à l'Olivier.

M. DCC. LXXXI.

NOTICE

DE QUELQUES LIVRES

PROVENANTS DU CABINET

DE M. ***

La Vente s'en fera en la maniere accoutumée, au plus offrant & dernier enchérisseur, dans une des salles des RR. PP. Augustins du grand Couvent, le Vendredi 17 Août 1781, 3 heures de relevée, & jours suivants aussi de relevée.

In - Quarto.

BIBLIA latina, Vitray. in 4.
Calmet, Com. sur la Bible, &c. 23 vol. in 4.
Bibles françoises; Nouv. Testament, &c. in 4.
Œuvres de St. Cyprien. in 4.
Livres de théologie & de piété. in 4.
Extrait des assertions des Jésuites. in 4.
Droit de la Nature & des Gens. 2 vol. in 4. Hollande.
Droit de la guerre & de la paix. 2 vol. in 4. Hol.
Droit public d'Allemagne de Pfeffel. in 4.
Ordonnances de Louis XIV, &c. in 4.
Recueil d'Arrêts, Lettres Patentes, Edits, Déclarations, &c. depuis 1767, jusqu'en 1780. in 4. en feuilles.
Ce Recueil, pour lequel il y a une souscription

à raifon de 24 liv. l'année , chez M. Simon ,
Imprimeur du Parlement , peut fe continuer ;
il eft augmenté de beaucoup d'autres Pieces
particulieres.
Liaffes de Mém. Factums, Plaidoy. in fol. & in 4.
Mémoires de la Bourdonnois,
        de Bigot ,
        de Dupleix ,
        de la Compagnie des Indes.
Simonnel, des Bénéfices. 2 vol. in 4.
Locke , Effai fur l'entendement humain. in 4.
Effai de Montaigne. *Paris*, 3 vol. in 4.
Architecture de Daviler. 2 vol. in 4.
Briffeux, Architecture moderne. 2 vol. in 4.
Décoration des édifices , du même. 2 vol. in 4.
Théorie & pratique du jardinage. in 4.
La Quintinie, Jardins fruitiers. 2 vol. in 4.
Rohault, Phyfique & Œuv. pofthumes. 2 vol. in 4.
Conchyologie de Dargenville. in 4. fig.
Ozanam, Récréations mathématiques. 4 vol. in 8.
Bion , Ufage des inftruments de mathématiques.
   in 4.
Novitius Dictionarium lat. gallicum. in 4.
Le Brun , Diction. franç. lat. in 4.
Ciceronis opera. *Lugd. Batav.* 2 vol. in 4.
Théâtre des Grecs du P. Brumoy. 3 vol. in 4.
Horatius Bentlei. in 4.
Métamorphofes d'Ovide en rondeaux. in 4. fig.
Plufieurs anciens Poëtes françois , &c.
Ariane , de Defmarets. in 4.
Dictionnaire géographique de Baudrán , par
   Maty. in 4.
Salluftius Crifpus , cum notis var. *Amftel.* 1710,
   in 4.

Illustration de Gaule, &c. par le Maire de Belge.
in 4.

Frezier, Voyage de la mer du Sud. in 4. fig.

Dupuy, Condamnation des Templiers. in 4.

Le Blanc, Traité des monnoies, avec la Differtation fur les monnoies d'Efpagne. in 4. édit. de Hollande. fig.

Differtation fur les Monnoies d'Efpagne, par Mahudel. in 4.

Mémoires de Comines. 4 vol. in 4.

Mémoires de Condé. 6 vol. in 4.

Beaucoup d'autres livres de tous genres. in 4.

In-folio.

Bibles anciennes. in fol.

Vies des Saints. in fol.

Vie de J. C. avec les figures tirées du Natalis Comes in Evangelia. in fol.

D'Héricourt, Loix Eccléfiaft. de France. in-fol.

Domat, Loix Civiles, & le Supplément. 2 vol. in fol.

Dupleffis fur la Coutume de Paris. in fol.

Fournival, Privileges des Tréforiers de France. in fol.

R. Choppinus. 5 vol. in fol.

Tableaux de Philoftrate. in fol.

Théâtre du Brabant. 2 vol. in fol. fig.

Plans, profils, coupe du pont de Moulins. in fol. fig.

Savary, Diction. du Commerce. 3 vol. in fol.

Dictionnaire de Trévoux. 5 vol. in fol.

Croufaz, Examen du pyrrhonifme. in fol.

Dictionnaire de Bayle. 3 vol. in fol.

A ij

(4)

Dictionnaire de Moréry. 4 vol. in fol. Hollande.
Académie des Scienc. de Bullard. 2 vol. in fol. fig.
Arnauld, Hist. des Juifs. *Amsterd.* in fol. fig.
Autres livres de tous genres.

Nº. I.

Fréron, année Littéraire de 1754 à 1763. in 12.
broché en carton ; la suite en feuilles : on sera
fourni de l'année courante.

Nº. I I.

Desfontaines, Observations sur les écrits mo-
dernes. in 12. broc. en carton.
Laporte, Lettres sur quelques écrits de ce temps.
in 12. brochés en carton.

Nº. III.

55 *vol. in-douze, dont* ;

La Religion vengée. 21 vol.
Lettres sur les Ouvrages de Piété. 6 vol. in 12.
La Religion, Poëme. in 8.
Le Tourneux, Année chrétienne. 13 vol. in 12
doré l. tr. bords & bordures dentel. & signets.

Nº. I V.

23 *vol. in-douze, dont* ;

Missel de Paris, lat. franç. 1752, 8 vol. in 12.
Semaine Sainte ; *idem.*
Vesperal. 2 vol. *idem.*
Instruction de pénitence, de Treuvé. in 12.
Catéchisme de Montpellier. 3 vol. in 12.
Abbadie, Vérité de la Religion Chrétienne ; Art
de se connoître. 4 vol. in 12. Holl. grosses lett.

(5)

Corneille , Imitation de J. C.
St. Auguftin , fur le Nouv. Teftament. 4 vol. in 8.
Lettres Provinciales. 2 vol. in 8. Hollande.
Pfeaumes en latin & françois.

Nº. V.

45 vol. in-douze , dont ;

Œuvres de St. Réal. 5 vol.
        de St. Evremond. 7 vol.
L'Art d'aimer , & autres Pieces. in 12. Holl.
Les Arrêts d'amour. *Amfterd.* 1734 , in 12.
Petrone de Nodot , 1709 , 2 vol. in 8. fig.
Apologie pour Hérodote. 5 vol. in 8.
Cent Nouvelles nouvelles. 2 vol. in 8. fig.
Effai fur le goût. in 12.
Vie de Marianne. 4 vol. in 12.
Pamela. 2 vol. in 12.
L'Amour en fureur. in 12.
Voyage de Cyrus. 2 vol. in 12.
Contes Philofophiques. 2 vol. in 12.
Vie de Scaramouche. in 12.
Giges Gallus , & la traduction. 2 vol. in 12.
Somnium Sapientis , & la traduct. 2 vol. in 12.
Diction. des Proverbes françois. *Bruxel.* 1710 ,
     in 8.
Art de défopiler la rate. in 12.
Etrennes de la Saint Jean. in 12.
Bigarrures de des Accords. in 12.

Nº. V I.

68 vol. in-douze , dont ;

Gilbas. 4 vol. in 12.

Mémoires de du Noyer. in 12.

Fanny Butler. in 12.

Angelina. 2 vol. in 12.

Azema. 2 vol.

Maria. 2 vol.

Esprit des conversations agréables. 3 vol. in 12.

Retraite de Gozanne. 2 vol in 12.

Miss Jenny. in 12.

Thompson. 3 vol.

Bachelier de Salamanque. 3 vol. in 12.

Estévanille. 2 vol.

Mémoires de Grammont. in 12.

Miss Clarisse. 2 vol. in 12.

Milady B ***. 2 vol. in 12.

Miss Willams. 2 vol. in 12.

Promenade de Clairinville. in 12.

La jeune Infortunée. in 12.

La femme de mérite. in 12.

Lydia. in 12.

Mémoires d'une honête femme. in 12.

Mémoires de deux amis. 4 vol. in 12.

Nouvelle Marianne. 4 vol.

Toni & Clairette. 2 vol. in 12.

Le petit Maître. in 12.

Avantures d'un Bourgeois qui s'est avancé dans le monde. 2 vol. in 12.

Les Erreurs instructives. in 12.

Mémoires de Volanges. 2 vol. in 12.

Lettres de Roselles. in 12.

Délassemens champêtres. in 12.

Mémoires de Menneville, ou l'Enfant trouvé. in 12.

Mémoires de d'Erneville. 2 vol. in 12.

La Mandarinade. 2 vol. in 12.
Art de plumer la poule fans crier. in 12.
Facétieufes nuits de Straparolle. 3 vol. in 12.

N°. V I I.

36 vol. Livres de piété.

N°. V I I I.

21 vol. in octavo & in-douze, dont ;

Heures de la Vierge, gothiques, avec figures &
    encadrements des pages, en bois. in 8.
Heures de Louis XIII. in 8.
Confeffions de St. Auguftin, trad. par Arnauld.
    in 8.
Les mêmes, par Dubois. in 8.
Les Provinciales de Pafcal, & notes. 3 vol. in 8.
    Hollande.
Traité des cérémonies fuperftitieufes des Juifs.
    in 12.
Engelgrave, Cœlum Empyreum, & Lux in Evan-
    gelia. 5 vol. in 8. avec figures.
Méditations d'un Solitaire de Sept-Fonds. 4 vol.
    in 12.

N°. I X.

50 vol. in-douze, dont ;

Strada, Hiftoire de la guerre de Flandres. 3 vol.
    in 12. fig.
Lafiteau, Mœurs des Sauvages. 4 vol. in 12.
Voyage de du Quefne. 3 vol. in 12.
Voyage de Dumont. 4 vol. in 12. Hollande.
Daniel, Hift. de France, 9 vol. in 12.

Mémoires de Brantome. *Leyde* , Sambix. 8 vol.
  in 12.

Mémoires de Retz. 4 vol.

Mémoires de Comines. *Elzevir* , in 12.

Plutarque , Vies des Hommes Illuftres. *Amfterd.*
  10 vol. in 12.

N°. X.

24 vol. in douze, dont;

Vallemont , Curiofités. —— fur la Végétation.
  2 vol. in 12.

L'* Bibliotheque abrégée de Médecine. in 12.

Albertus Magnus, de Secretis mulierum ; & vir-
  tutibus herbarum. 2 vol.

Secret du grand & petit Albert. 2 vol. in 12.

Secrets d'Alexis Piémontois. in 8.

Belot, Indagine, & autres fur la Chyromancie.
  in 8. & 12.

Bayle , Penfées fur la comete. 4 vol.

Obfervations de Phyfique. 3 vol. in 12.

N°. X I.

45 vol. in-douze , dont;

Amufements de la campagne. 11 vol. in 12.

Petronii Satiricon. in 12.

Robinfon. 3 vol.

Méditations de Hervey. in 12.

Le Gage touché in 12.

Le faux Chevalier de Warwick. in 12.

Rendez Vous du parc de Verfailles. 2 vol. in 12.

Aventures galantes. in 12.

Œuvres de Cyrano. 2 vol. in 12.

Cleveland. 6 vol.

(9)

La Bagatelle. 2 vol in 12.
Lettres critiques de le Clerc, fur le di. de
Bayle. in 12.

N°. X I I.

39 vol. in-douze, dont;

Miffel de Paris, lat. franç. 8 vol. in 12.
Semaine Sainte; *idem.* in 12.
Vefperal; *idem.* 2 vol.
Traduction des Heures d'Horftius. 2 vol. in 12.
Nouv. Teftament de Mons. 2 vol. in 12. maroq.
Nicole, Effais de morale, &c. in 12.
Sancti Auguftini, Confeffiones, Meditationes.
Colonia, 2 vol. in 12.
Le Faut-mourir, Poëme burlefque, par Frere
Jacques. in 12.

N°. X I I I.

48 vol. in-douze, dont;

Voyages de Wheler. 2 vol. in 12. Hollande.
Voyages de Gênes au détroit de Magellan. in 12.
Hiftoire des Flibuftiers. 2 vol. in 12.
Titus Livius. *Lugd. Batav. Elzevir.* 1645, 3 vol.
in 12.
Cornelius Tacitus. *Lugd. Batav. Elzevir.* 1640,
2 vol. in 12.
Echard, Hiftoire Romaine. 6 vol. in 12.
Kirckmannus de funeribus Romanorum. in 12.
fig.
Amelot de la Houffaye, Hift. du Gouvernent de
Venife. 2 vol. in 12.
Nani, Hiftoire de Venife. 4 vol. in 12.

N°. X I V.

33 vol. in-octavo, dont;

D. Petavii, Rationarium temporum. *Lugd. Bat.*
   17 0, in 8. fig.
Echard, Hiftoire romaine. 16 vol. in 12.
Vofgien, Dictionnaire géographique. in 8.
Lenglet du Frefnoy, Méthode de géographie.
   8 vol. in 8.

N°. X V.

26 vol. in-octavo, & in-douze, dont;

Imitation de J. C. par de Beuil, belle édition,
   grand in 8.
Œuvres de Grenade. 10 vol. in 8. d. f. tr.
Pontbriand, l'Incrédule détrompé. in 8.
Devert, Explication des cérémonies de l'Eglife.
   4 vol. in 8.
Thomaffin, de la Maniere d'étudier. 3 vol. in 8.

N°. X V I.

35 vol. in-douze, dont;

Vallemont, Eléments de l'Hiftoire. 5 vol.
Mehegan, Tableau de l'Hiftoire moderne. 3 vol.
Mémoires de Montluc. 2 vol. in 8.
Marcel, Hiftoire de France. 4 vol. in 8.
Etat de la France. 6 vol. in 12.
Atlas de la Généralité de Paris. in 8. oblong.

N°. X V I I.

34 vol. in octavo & in-douze, dont;

Journal de l'Etoile, 1719, 2 vol. in 8. fig.
L'Ifle des hermaphrodites. in 8.
Journal de Henri III. 1744, 5 vol. in 8.

Journal de Henri IV. 1741 , 4 vol. in 8.

De Juftâ Henrici III abdicatione , &c. *Lugduni ,* 1589 , in 8.

Boucher , Sermons fur la fimulée converfion de Henri de Bourbon. 1594 , in 8.

Satyre Ménippée. 3 vol. in 8.

Mémoires de Sully , & le Supplément (ou Critique). 9 vol. in 12.

Recueil de teftaments politiques. 4 vol. in 12.

Mémoires de Buffy Rabutin. 3 vol. in 12.

N°. X V I I I.

37 vol. in-octavo & in-douze , dont ;

Code Frederic. 3 vol. in 8.

Œuvres de Montefquieu. 7 vol. in 12.

Efprit des maximes politiques. 2 vol. in 12.

Droit de la guerre & de la paix. 3 vol. in 12.

Caufes amufantes & connues. 2 vol. in 12.

Procès de Girard. 5 vol. in 12.

Junius Brutus, de la Puiffance légitime du Prince fur le peuple, & du peuple fur le Prince. 1581, in 8.

Le Politique du temps, & fi en une oppreffion extrême il eft loifible de prendre les armes ; par qui , & par quel moyen cela fe doit & peut faire : petit in 12. v. f d. f tr.

Machiavelli princeps, Vindiciæ contra tyrannos, de Jure Magiftratuum in fubditos. *Lugd. Bat.* 1648 , in 12.

Pafcalii legatus. in 16.

Speculum boni Principis. *Amftelod. Elzev.* 1646, in 12.

Ahafveri Fritfchii, Medicus peccans, five depec-

catis medicorum. *Norimbergæ*, 1684, in 12.
Lamberti Danæi, Aphorifmi politici & militares.
 Lugd. Batav. Elzev. 1638, in 12.
Grotii, Mare liberum. in 24.

Nº. X I X.

24 vol. in-douze, dont;

Brianville, Hiftoire facrée. 3 vol. in 12.
Quatre Dialogues de Choify. in 12.

Nº. X X.

48 vol. in 12. Livres de dévotion.

Nº. X X I.

30 vol. in-12. de peu de valeur.

Nº. X X I I.

30 vol. in-12. Livres de piété.

Nº. X X I I I.

40 vol. in-octavo & in-douze, dont;

Devoirs de l'homme & du citoyen. in 8.
Lettres fur l'efprit de patriotifme. in 8.
Boffe, Art de graver, &c.

Nº. X X I V.

35 vol. in-douze, dont;

Œuvres de Pope. 7 vol. in 12. Hollande.
Poéfies de Coulanges. 2 vol. in 12.
G ***. 2 vol. in 12.
Fables de la Fontaine. in 12.
Bibliotheque des Dames. in 12.
Mefcolanze, d'Egidio Menagio. in 8.
Lucanus, cum notis variorum in 8.
Les Leçons de Pierre Meffie. in 8.

(13)
No. X X V.
50 vol. in 12. Livres de piété.
N°. X X V I.
31 vol. in douze, dont ;

Hiftoire de l'inquifition. in 12.
Hift. du Chriftianifme des Indes. in 8. Hollande.
Hift. dè Henri IV. 4 vol. in 12.
Hift. de la Maifon de Tudor. 6 vol. in 12.
Hift. du Card. Porro Carrero.
Solerius de Pileo. in 12.
Saluftius. *Elzevir.*

N°. X X V I I.
40 vol. in-douze, dont ;

Goujet, Bibliotheque Françoife. 18 vol. in 12.
Théâtre François. 15 vol. in 12.
Juvenalis Satyræ. in 12.

N°. X X V I I I.
36 vol. in-octavo & in-douze broc. dont ;

Morale univerfelle. 2 vol. in 8.
Recueil de Pieces fur la richeffe & l'impôt, &c.
in 8. & in 12.
Le Financier, & l'anti-Financier. Ouvrages fur
les Finances. in 8. in 12. &c.
Mémoire fur les Finances, par Defmarets. in 8.
Recueil de Pieces concernant le commerce des
bleds. in 8.

N°. X X I X.
30 vol. in-octavo & in-douze, broc. dont ;

Apologie des Jugements rendus en France contre
le Schifme. 3 vol. in 12.

Recueil d'Arrêts rendus contre le Schifme. 3 vol.
  in 12.
Comment. de Jouffe, fur l'Ordon. de 1695 , in 12.

N°. X X X.

31 vol. in-douze.

Recueil de Pieces , Réquifitoires , Comptes rendus des conftitutions des Jéfuites , &c.
Plufieurs autres livres de Théologie Scholaftique.

N°. X X X I.

30 vol. in-douze Italiens & Efpagnols , dont ;

Il Goffredo, o Jerufalemme liberaṭa. in 12.
Lettere d'una Peruviana. 2 vol. in 12.
L'Italia liberata da Gothi. 3 vol. in 12.
Ragguagli del Parnaffo. 2 vol. in 12.

N°. X X X I I.

32 vol. in-douze , dont ;

Le Soldat parvenu. 2 vol. in 12.
Le Comte de Clare. in 12.
Œuvres de J. B. Roufleau. 5 vol. in 12.
Terentii, comœdiæ. *Lugd. Batav. Elzev.*
Vanierii, Prædium rufticum. in 12.
Coffartii, & aliorum pœmata , &c. in 12.

N°. X X X I I I.

32 vol. in-octavo & in-douze , dont ;

Boyzard, Traité des Monnoies. 2 vol. in 12.
Problême hiftorique, entre Luther , Calvin & les
  Jéfuites. 2 vol. in 12.
Mémoires fur les rangs & honneurs de la Cour.
  in 8.
Mémoires de M. Larcher, fur Vénus. in 12.

N°. X X X I V.

*Liaſſes conſidérables de Catalogues de Bibliothe-
ques, dont ;*

Delan,   des Jéſuites,
Secouſſe,   Senicourt,
De Boze (le gros).   Couvay.
    Et beaucoup d'autres.

N°. X X X V.

Collection des Almanachs royaux, depuis 1699
juſqu'en 1780. in 8.

N°. X X X V I.

Collection conſidérable de muſique inſtrumen-
rale & vocale, gravée, imprimée, & manuſ-
crite. in-fol. in 4. & in 8. rel. br. & en feuill.

N°. X X X V I I.

Œuvres de Mallebranche, Recherche de la Vé-
rité. 4 vol. in 12.
    Entretiens métaphyſiques. 2 vol. in 12.
    Lettres. 4 vol. in 12.
Conférences de Paris ſur le Mariage. 4 vol. in 12.
Examen du Fataliſme. 3 vol. in 12.
L'Uſage des Romans. 2 vol. in 12.
Ferriere, Inſtitutes de Juſtinien. 6 vol. in 12.
Lauriere, Traité des Inſtitutions. 2 vol. in 12.
Singularités hiſtor. de Dom Liron. 2 vol. in 12.
Eſſais de morale de Nicole, Epîtres & Evangiles.
    5 vol. in 12.
Le Batteux, Morale d'Epicure. in 12.
Lettres de Flechier. 2 vol. in 12.
Hiſtoire des Plantes, de Bauhin. 2 vol. in 12.
Condillac, Eſſai ſur les connoiſſances humaines,
    2 vol. in 12.

Cartes de la France , de MM. l'Acad. des Scienc.

Nᵒˢ 2 Compiegne.
  3 Amiens.
  7 Fontainebleau.
  8 Orléans.
  24 Forges.
  25 Rouen.
  26 Évreux.
  27 Chartres.
  43 Noyon.
  44 Soiſſons.
  45 Meaux.
  46 Sens.
  47 Auxerre.
  82 Tonnerre.

F I N.

Lu & approuvé la préſente Notice ce 8 Août 1781.

FOURNIER , Adjoint.

Les Livres feront expofés dans l'Ordre fuivant;

Le Vendredi 18 *Août* 1781.

3 , 8 , 19 , 22 , 30 , 10 , 23 , 33 , 5 , 24 , 9 , 17.
Les fix premiers Articles des in-folio.
Les 15 premiers Articles des in-quarto ; on finira par le Recueil des Arrêts.

Le Samedi 19.

4 , 12 , 20 , 25 , 16 , 27 , 6 , 31 , 13 , 26 , 1 , 2.
Les fix Articles fuivants des in-folio.
Les quinze Articles fuivants des in - quarto ; on finira par les Mémoires de Comines & de Condé, & les Cartes.

Le Lundi 21.

7 , 15 , 21 , 29 , 18 , 28 , 11 , 32 , 14 , 34 , 35 , 36 , 37.
Le reftant des in-folio.
Le reftant des in-quarto ; on finira par la Bible de Dom Calmet.

www.ingramcontent.com/pod-product-compliance
Lightning Source LLC
LaVergne TN
LVHW021746030726
842523LV00003B/953